숨결

숨결

문혜영 시집

열린출판

■ 시인의 말

마법 같은 내 인생에
또 한 번의 봄을 허락하셨다.

생명을 통째로 삼켜버릴 듯한
맹수의 숨결,
그 덫에서 벗어나지 못한 채
수년째 마주하고 있다.
그 두려움으로 때론 단단한 얼음이 되고
그 고통으로 때론 하얗게 재가 되지만
그 무지함 앞에선 늘 헐벗은 알몸이 된다.

이대로 무너질 수 없다.
그를 다스려라
끊임없이 들려오는 목소리!
짓눌려 끌려가지 않으려면
그를 외면하지 말고 정면 응시해라.

계절이 여러 번 흐르는 동안
아픔과 눈맞춤 하며 녹여낸 시들
이렇게 풀어낸 숨결이
고통을 공감하는 누군가에겐
궂은 비 지난 뒤
낙수로 떨어지는 맑은 물방울처럼,
해풍 걷힌 뒤
모래톱에 남겨진 물새 발자국처럼,
가 닿을 수 있으면 좋겠다

                    2024년 희수를 맞으며, 문혜영

■ 차례

1부

타전打電 ········· 15
꽃 숨 ········· 16
마법 같은 내 인생 ········· 18
그럴 수만 있다면 ········· 20
웃음이 나네, 그냥 ········· 21
비가 바람을 만나 ········· 22
여기가 어디쯤일까? ········· 23
생은, ········· 24
겨울비 ········· 26
그리움이 ········· 27
유랑 ········· 28
꽃이 진다네 ········· 29
한 벌 옷 ········· 30
나대지 마 ········· 31
순둥순둥 ········· 32
붙들 것이 남았을까 ········· 33
울렁증 ········· 34
속도와 방향감각 ········· 35
기억의 발효 ········· 36

2부

내가 사는 강 …… 41
바보 사랑 …… 42
2월의 폭설 …… 43
숨 터 …… 44
벌목 …… 45
Live …… 46
어디에 계신 거죠? …… 48
가지치기 …… 49
아픔조차 선물이라 일러도 …… 50
마에스트라 …… 51
이 또한 지나가겠지 …… 52
벽화 …… 53
균형잡기 …… 54
희열 …… 55
적막 …… 56
충분하다 …… 57
환幻이어도 좋았다 …… 58
산모롱이 돌아가는 …… 59
모순 …… 60
마른오징어 …… 61

3부

지독한 사랑 ·· 65
눈물이 숨어버렸다 ······························· 66
쉬었다 가기 ·· 67
걱정 주머니 ·· 68
멍때리기 ··· 69
잠에 빠져 ·· 70
아무것도 안 하기 ································ 71
어지럼증 ··· 72
기권해 버릴까 ····································· 73
그랬더라면 ··· 74
채혈 ·· 76
꿈에서도 ··· 77
환생 ·· 78
행복했으면 ··· 79
보호자 솔루션 ····································· 80
환자 솔루션 ·· 81
맞짱 ·· 82
새 신발 ··· 83
암, 오기 ·· 84
나는 암보다 강하다 ····························· 86
이러지 마 ··· 87

4부

참 다행이다 ·· 91
헤픈 고백 ··· 92
흘리지 말아야지 ·· 94
모든 어미는 ··· 95
먼 길 가려면 ·· 96
세 남자 ··· 97
반세기 ·· 98
옆지기 ·· 99
카드놀이 ·· 100
스쳐 간 생각 ··· 101
연줄 ··· 102
어떻게 놓고 가지 ······································ 103
온기 가득한 ··· 104
그렁그렁 ·· 105
두 마리 슬픈 짐승이 ································ 106
튀밥 ··· 108
어둠 내리면 ··· 109
꿈속에서 ·· 110
거울을 보다가 ··· 112
미안해 ·· 113

5부

눈이 없나 봐 ·· 117
마음이 몸에게 ·· 118
아무도 가두지 않는다 ································ 119
걸음마 ·· 120
곰의 시간 ·· 121
그 말도 맞다 ·· 122
그게 뭐라고 ·· 124
외롭나 보다 ·· 125
너 없는 봄날 ·· 126
꿈속이겠지 ·· 128
두 단어 ·· 129
죽음이 벽인가, 문인가 ································ 130
말의 온도 ·· 131
모범생 ·· 132
문득 ·· 134
미망未忘 ·· 135
삶은 거품이 아니라고 ································ 136
서툰 사공 ·· 137
그 너머 ·· 138
스위치오프 ·· 140
시한부 ·· 141

해설 날갯짓을 멈추면 추락한다, 마법이 된 생명력__143

1부

타전打電

누구에게 치는 걸까

겨울 어스름 녘에
타전을 한다

'아직 살아있음'

며칠째 시간을 잊은 듯
적막에 잠긴 폰
쩡쩡 언 호수 따라
하늘도 얼어붙었나 보다

꽃 숨

어두워서, 자꾸 어두워서
낮에도 환히 전등불 켜놓고
밤에도 그 불빛 아래 잠든다
그래도 몰래 숨어든 검은 그림자
가위눌림에 소스라쳐 깨어나
그 어둠 몰아내려고
숨을 내뱉는다

고인 어둠을 퍼내려고
꽃나무를 심는다
시 한 줄 끄적이면
꽃나무 하나 자라서
꽃눈이 나고 꽃망울 열려
주변이 환해지도록
꽃이 핀다

시는 어둠을 밀어내는

유일한 내 날숨
내 꽃 숨

마법 같은 내 인생

내 인생에 마법이 걸렸다

몸으로 겪는 게 진짜 공부라며
협곡이 연이어 찾아왔다

자나 깨나 꿈길을 헤맨다
몽롱하게

분명 길이었을 텐데
어디까지 왔는지
여기가 어딘지
어떻게 지나왔는지
텅 비어 있다
새가 날아간 허공 마냥

앞으로 얼마를 더 가야 할지
가늠할 수 없지만

수천 킬로라 해도
날갯짓을 할 것이다
생명의 지표 따라
마법이 이끄는 대로

그럴 수만 있다면

아픔과 늙음은
사람으로 거듭나는
통과의례의 시간
더러는 체험해도 미물微物에 머물고
더러는 시나브로 사람이 된다

아파보지도 늙어보지도 않고
사람으로 거듭날 수 있다면
궁금해진다, 뭐가 다를지
그런 생을 선택할 수만 있다면
한 번쯤 다시 태어나도 좋다

웃음이 나네, 그냥

이 무더위에 에어컨 고장이다
배관이 다 삭았다더니
일주일만 기다리란다

여기저기 고장 난 내 몸은
기약 없는 수리 공사 중
완공일은 신만이 아시겠지

그런데 숨 쉬는 리듬 따라
헤실헤실 웃음이 난다, 그냥
이런 내가 난 너무 좋다

비가 바람을 만나

비가 바람을 만나니
자작나무가 춤춘다
여린 허리 낭창낭창
감출 줄 모른다, 아직 어려서

세월을 좀 더 살아
허리 굵어진 소나무는
까딱도 하지 않는데
이끼 끼도록 산 나는
흠뻑 젖어
자작나무랑 마냥 즐겁다

여기가 어디쯤일까?

캄캄하고 막막하다
중력을 잃고
우주공간을 헤매는데
여기가 어디쯤일까?

매일매일
현주소를 묻는다

생은,

강의실에 들어가면
마지막 무대에 선
노배우가 되어
영혼을 활활 태운다

어느 우주에서
어떤 시간을 달려와
우리 마주하고 있는지
설렘에 가슴이 뛴다

방금 스쳐 간 시간도
저만치서 흘러가니
숨 쉬는 바로, 이 순간이
너무 소중해서
꼭 문학이 아니어도
어설프게 살아온 삶이어도
전해 주고파 안달이 난다

생은, 전율이다
교감으로 충전이 되는

겨울비

오래 품으면 진주가 된다던데

누가 품었던 눈물인지
아득히 달려와 마른 가슴을
흠뻑 적셔주는 겨울비

새들도 종일 울음을 멈추었다

그리움이

내가 이만큼
버틸 수 있는 건

아직 내게
그리움이 남아있기에
아직 누군가가
그리움이 행복이라며
들썩이게 하기에
낙엽으로 널브러졌다가도
다시 생기로 일어난다

그리움이 뭔지 알기에
서성이는 불씨 있기에

유랑

바람 한 점 없어도
구름
비
강이 되어 흐르다가

다시
구름
비
강이 되어 흐른다

바다엔 언제 닿으려고

꽃이 진다네

젊은 날엔 꽃 한번 피면
온 가슴에 활활 불붙어
계절 내내 꺼질 줄 몰랐다네

그 숱한 날 불 지르던 꽃잎들
눈 몇 번 깜빡였는데
강물에 둥둥 흘러갔다네

꽃 몸살 앓던 시절
저만치 떠나오니 이젠
피지도 않고 꽃이 진다네

한 벌 옷

눈 뜨면
햇살로 눈부시게 샤워하고
잠들기 전엔
창밖 어둠을 한껏 흡입한다
햇살도 어둠도
어느새 익숙하게 편안해졌다
당장 어디에 스며들어도
그냥 자연스러워진
한 벌 옷 같다

나대지 마

4기입니다, 선언에
안개 저편으로 밀어낸
절망이
해일로 덮쳐 왔다

이번 협곡은 얼마나 험난할지
모든 걸 기억하는 몸이
혈압 맥박 널뛰기 시키며
비상사태를 알린다

나대지 마
괜찮아
마음이 몸을 어른다
두려움이 두려움을 애써 달랜다

순둥순둥

주사실에만 들어가면
어디론가 숨어 버리는 혈관들
오래전에
치외법권 선물 받은 오른팔
온갖 수난은 오로지 왼팔 몫이었지

찌르고 쑤셔대느라
가지색 멍 얼룩져도
비명 한번 지르지 않는
그마저도 나를 쏙 빼닮은
순둥순둥한 내 왼팔

붙들 것이 남았을까

목덜미를 스멀스멀 간질이더니
샤워 물줄기에 속절없이
쓸려가는 머리카락들
올올이 품었던 꿈을
휴지에 겹겹 싸서 안장시켰다

내려놓음의 끝을 보고 있다
붙들 것이 남았을 때
주먹도 쥐는 거니까
나,
아직 붙들 것이 남았을까?

울렁증

기약도 없이 시작된 세 번째 출항
승선 때마다 덮쳐오는 울렁증
냄새란 냄새
내 몸속 화학작용마저
알아챌 지경이니
음식은 물론 가까이 오는
모든 존재를 밀쳐낸다

도망칠 곳 없는 갑판 위
망연자실 끝 모를 항로를 본다
저 넘실대는 바다 어딘가 있을
안착할 항구 그리워서
야성의 후각이 살아 나
이리 극성인 건지

속도와 방향감각

수만 리 오고 가는 철새가
시행착오 겪으며 깨우쳤을
속도보다 방향감각의 중요성
수년?
어쩌면 더 길거나 짧아질
내 투병의 비행 변수도
더딘 치료 속도보다
방향 지표에 더 민감할 터

CT 결과 따라 어쩔 수 없이
표정 들키는 환자에게
"괜찮은 거예요!"
조용한 숨결로 위로하는
승객보다 더 긴장하신
따뜻한, 내 기장님

기억의 발효

그리워하는 누군가가 있다면
떠났어도 숨결은 멎은 게 아니다
더 그윽해지고 은근해지는
기억의 발효
오감과 심혼으로
그 흔적 불러내는 이 있다면

떠난 이의 숨결은
우주공간 어디에서든
빛의 속도로 달려와
시린 머리를 쓰다듬고
고인 눈물을 닦아주고
텅 빈 가슴에 잠시 머물다 간다

비워도 다시 차오르는 외로움에
그대 그리워하며 누군가
소라고둥을 분다면

그런 한 사람이라도 남아있다면
그대는 마냥 모른 척 잠들 수 없다

2부

내가 사는 강

산소와 플랑크톤만 있으면
숨을 이어갈 수 있으니까
느릿느릿 헤엄치며
혼자 놀기 알맞은 강,

가끔 심심해서
수면으로 떠오르곤 한다
강렬한 햇살과 바람과
귀청 찢는 소리, 소리,
아, 이런 풍경이었지

어지럼증이 밀려든다
굳이 키울 필요 없었던
시끄러움을 견뎌낼 근육질
지느러미 흔들며 잠수한다
침묵의 강 더 깊숙이

바보 사랑

당신 품이
하늘만큼 넓어서
나는 가끔 헤매곤 한다

당신 품으로
돌아가는 길

2월의 폭설

입춘 지나고 밤새 내린 폭설로
세상이 온통 설국雪國이다
그대로 길이 지워질까 봐
한 남자가 아침부터 눈을 쓸었다
허리 휘청하도록

한숨 돌리고 내다보니
반나절 만에 설국雪國이 사라졌다
우리 삶도 2월의 폭설 같다
잠시 질척거린 눈물의 흔적
그 자리에서 새싹이 길을 연다

숨 터

해마다 청명이면
우리 집 처마로 찾아들던 제비
지난해 머물렀던 둥지를
보수하여 여름 한 철 살고 간다
나도 보리수 벚나무 가지 물고 와
한철 더 머물려고
통창 앞에 숨 터 하나
엉성하게 엮어 본다
날갯짓은 못 해도
걸림 없이 계절을 드나드는
숨결이었으면 좋겠다

벌목

이이잉~ 이이잉~
비명인지 통곡인지
천지가 울린다
건너편 덕가산에서
벌목하는 모양이다
잘리는 나무보다 더 크게
몸서리치는 톱날
그 메아리가 내 안에서
온종일 나를 벌목하는 날

Live

시월의 마지막 날,

전화기 너머 들려오는 그의 목소리
담담하게, 조심스럽게 나를 노크한다
설악산 단풍이나 보고 오잔다

단단히 봉합해도 파장으로 들켜버릴
사경을 수차례 겪은 이들만 아는
그 무엇에 자꾸 목이 잠겼다
그 순간 깨달았다
살아있음의 Live가
생생한 목소리였음을

아무리 간절해도 주고받을 수 없었다
저세상 너머로는 불가능했던
라이브 통화

한동안 잠긴 목이 풀리지 않았다

어디에 계신 거죠?

낮잠 중, 고인이 되신
세 분 선생님이 다녀가셨다
유독 가까우셨던 세 분
웃음소리 말소리
그리 선명하진 않아도
영상도 흑백이 아니었다
꿈을 깨니 너무 궁금하다
시공을 초월한 그곳에서도
종종 만나서 약주도 하시는지요?
투병에 지쳐가는 후배
위로해주자고 함께 오셨던가요
원하면 언제라도 오실 수 있다면
꿈속 시공은 어느 터미널인가요

가지치기

다친 가지를 잘라냄은
남은 가지를 위해서다
건강하게 살아나라고

미련을 잘라 낸다
쓸데없는 열정 버리고
날 더 아껴줘야지

아픔조차 선물이라 일러도

생사의 수레바퀴 따라
변하는 정에 서운해 말자

내가 아무리 생 전부를
감사하며 웃어도
전달되는 건 울음일 테니

아픔조차 선물이라 일러도
지켜보는 이에겐
고통의 그림자일 뿐

마에스트라

끝나는 순간까지
지휘는 제가 맡습니다
마지막 공연이 될지 모르니까
최고의 무대가 되도록

자, 집중합시다!
혈관, 막힘없이 더 유연하게
호흡, 가라앉지 말고 더 맑게
림프, 멈추지 말고 계속 흐르면서
점막, 움직여요, 더, 리듬감으로
모두, 두려워 말고 귀 기울여요
조금 더 집중해서, 즐기세요

부실함을 견디며
무던히 따라와 줘서
큰절 올립니다

이 또한 지나가겠지

사계절을 겪어도 모른다
끝나봐야 비로소 진면목 드러나는
영원한 수수께끼, 사람

대양에 스며들 시간 가까워져
기꺼이 태우며 산다
어떤 아쉬움도 남기지 않으려고

이렇게 멍청한 끝맺음이라니!
씁쓸하고 어이없는,
이 또한 지나가겠지

벽화

생의 기록은
뼈에 다 남는다는데
정말일까? 바깥세상도?

문득
묵묵히 수고하는 그들에게
벽화를 그려 주고 싶다
나비 한 쌍 그려 줄까
날아보아라 느껴보아라
바깥세상은 이렇단다
하늘을 나는 새들의 날갯짓
석양에 출렁이는 강 물결
바람에 나부끼는 잎새
자연이 풀어내는 시어들
하루만이라도 느껴보라고

균형잡기

삶 자체가
균형잡기 수련이다

채우기와 비우기
살아내야 할 의지와 의욕
넘치거나 모자라지 않게
떠나기 전까지는
사랑과 감사 시들지 않게

늘 만월일 수는 없다
채우면 다시 비우기로
자연의 순환 질서
그것만 기억하기로

희열

명봉산 숲에선 멧비둘기가
덕가산 중턱에선 뻐꾸기가
지난해 울던 그 아이들인가

허공을 타고 건너오는
또 한 번의 봄

산새들이 잘 살아냈다고
온산 울리게 인사를 건네면
그래, 나도 잘 살아냈다 화답하려는데
눈물이 먼저 마중을 나온다

적막

밤 깊어 가니
달빛 더 그윽하다

적막에 길들어지니
하루가 천년으로 흐른다

충분하다

한 세기 전이라면
갑년도 못 넘겼으련만
좋은 세상 덕에
십여 년 보너스 받았다

아침햇살에 눈 뜨면
그날이 그날이지만
온몸 온기로
피워내는 하루라는 꽃

언제라도
소쩍새 울음 들으며
적막에 영원을 맡겨도
충분하다, 홀가분하다

환幻이어도 좋았다

지난날들이
눈 깜짝할 순간이다
아니 태어났으면
느껴보지도 못했을 것들

한평생 독무獨舞에 익숙했다
군무群舞에선 걸핏하면 엇박자가 났다
나 홀로 흠뻑 취해서
멀미가 나도록 추는 춤

중심을 잃었던 게 한두 번인가
다시 일어나는 힘은 어디에서 왔을까
아직 숨을 고르며 무대를 바라본다
꿈결로 흘러간 이번 생!

산모롱이 돌아가는

유리창 얼룩보다 더 쉽게
흘러간 영화보다 더 하얗게
지워져도 괜찮겠다

산모롱이 돌아가는
기차 꼬리처럼
깜짝 숨어도 괜찮겠다

서로 조금 덜 힘들 테니까

모순

신경 쓰게 하고
신경 쓰지 말라 했다
앞에 '너무'를 덧붙였으나
너절한 장신구다

한동안
침묵 수행 들어가야겠다

마른오징어

뼈 없어도 굽히진 않았다
바람과 햇살에
바다의 기억을 날린다
물살 헤집던 꿈틀거림의 기록

그래 이제 헌납의 시간
짭조름함과 비릿함
질겅질겅 씹어도 좋을 전생
아, 그러나 단번에 무너지는 평정
불기운에 확 번지는 부끄러움
돌돌 멍석을 만다

생사, 그 무엇도
내 것이 아니었다
존엄으로 마무리할 수 없는
속·수·무·책

3부

지독한 사랑

지독한 운명이
지독한 사랑을 낳는다

마라토너처럼
혼자 달리는 길
뜨겁게 안아 주고
묵묵히 믿어주기로
내가 나를 응원했다

이제 반환점을 돌았을까?
그만 달리고픈
유혹도 끈질기다
그래서 더 내려놓을 수 없는
지독한 사랑, 목이 탄다

눈물이 숨어버렸다

한 번쯤 터뜨려야지
했는데 놓쳤다
울음도 치료라지만
절망의 무게를 알아선가
힘 빠지는 헛짓임을 알아선가
아니면 절망의 끝자락이나마
붙들고 있는 게 희망이라 여겨선가
눈물이 숨어버렸다

쉬었다 가기

언제나처럼
새벽 여섯 시 서둘러 상경했지만
12회차 주사는 맞지 못했다
영상에 뚜렷한 폐렴 얼룩들
코로나 선물이다
가래 삭게 하는 약만 처방받고
내려오며 또다시 마음 비우기
그래, 쉬었다 가기도 하는 거지

걱정 주머니

코로나 후유증 폐렴으로
임상시험 중단 위기를 맞았다

내일에 대한 생각
걱정 주머니에 꾹꾹 채워
주치의 교수님께 맡겨놓고
집으로 왔다 평소처럼

멍때리기

멍때리기 한답시고
가부좌로 앉았다가
얼마나 흘렀는지
눈 뜨니 평상에 누워있다
낮인지 밤인지
애초 시도한 게 뭐였는지
남은 건 대大자형 나무 한 토막

잠에 빠져

코알라는
유칼립투스잎 유독 성분을
해독하려고 스무 시간씩 잔다

나도
항암 독성을 감당하느라
대책 없이 자고 또 잔다

아무튼, 잠은 달콤하다
평생 불면증으로 시달렸는데
못해본 호사 맘껏 누린다

아무것도 안 하기

영상 속 폐렴이 두 배로 커졌단다
임상팀이 가장 신경 쓰는 폐렴
사망사례도 있어서 경계 1호다

이 상태론 잘못될 수도 있어요!
아무것도 하지 말고
연락할 때까지 가만히 계세요
글도 쓰지 마세요

명상만 해요, 좋은 쪽으로
어느 쪽이든 명상도 말아요!
네,
대답 무색하게 또 넋두리 푼다

어지럼증

아뜩~ 하다
내가 도는지 세상이 도는지
아침 눈 뜨며 시작된 어지럼증
누워있는 침상이 오래전 탔던
놀이동산 고공 열차다
출구가 안 보이는 캄캄한 터널에서
곤두박질치고 고꾸라지다가
우주 어드메쯤
고개 처박혀 멈춰 서면
진땀으로 흠뻑 젖어 있다
눕고 일어나는 게 공포여서
지치도록 앉아서 버틴다

문득 뜨락을 보며 궁금해 진다
식물에게도 어지럼증 있을까

기권해 버릴까

그만 기권해 버릴까
조금 먹은 것도 붙들지 못해
노란 아기 똥물로 쏟아내다가
문득 포기해 버릴까
간당간당 목숨줄 놓아줄까
편히 가보라고 똥물 쏟듯이
감사함으로 꼬아 엮은 동아줄
저절로 끊어지진 않을 테니
그냥 놓아버릴까 당찬 생각하다가
무슨 권리가 내게 있다고
기권을 하나 마나
발칙도 하네

그랬더라면

요즘 자주 듣는다
구차스런 연명치료 거부 의사

인생, 다 처음 겪는 시간이니
서툴기 그지없어
마이너스 셈법으로 살아왔다

뒤늦게 후회에 빠진다
미리미리 대비책으로
암보험 하나 들어놓았더라면
쓰잘데기 없는 스트레스를
고스란히 껴안지 않았더라면
암도 가볍게 스쳐갔을까

시간을 거슬러 올라간다
한국전쟁이 일어나지 않았더라면
아버지를 잃지 않았더라면

더 거슬러 올라간다
생명으로 태어나지 않았더라면
우아한 죽음, 생각도 않을텐데

채혈

매번 동서남북 헤집으며
눈먼 바늘로 피를 갈취하는
드라큘라님,
튜브 몇 개 채우려고 손등을 온통
피멍으로 부풀게 하시네요
찌르고 쑤시기를 반복하다가
뼈를 건드리면 비명이 새어 나오죠
민망하실까 봐 제가 먼저 말해요
웃음 섞어서
"혈관이 부실해서 미안해요!"

꿈에서도

지난밤 깜빡 든 잠,
가끔 천정에서 LED 불빛이
내 잠을 흔들었지만
빈 배로 어질거리다가
다시 꿈으로 숨어들었다
밤새 사력을 다해
이상한 드럼통을 지키려 했다
묵은 때를 윤나게 닦고
쫓기느라 녹초가 되면서도
수원지 바닥 오염된 무언가를
교체해야 한다는 절박함으로

최선을 다하는 거
그거밖에 모른다, 꿈에서도

환생

닫히는 줄 알았다
무대 조명은 아직 켜있는데

휘둘리지 말자
판정 앞두고
전에 없던 결기가 생긴다

봄날엔 반딧불이로 살까
어두워질수록 더 반짝이는,

시집 한 권 엮으면
시와 시 사이로 반딧불이
요정처럼 날아다닐 테니

행복했으면

꿈은
무의식의 발현이라지만
현실보다 색채 덧입혀서
과장법 쓰기 없기
밤새 쫓기며 진땀 흘리기 없기
눈뜨면서 꿈까지 데려오기 없기

개꿈이어도 괜찮으니
거기서라도 제발
행복했으면 좋겠네

보호자 솔루션

환자보다
먼저 무너지지 않기

생전 웃어본 적 없는 사람처럼
불행하고 싶어 태어난 사람처럼
어둠 속에 오래 갇혀 지내지 않기

몇 배 더 예민해져도
괜찮다 다, 괜찮다
환자 따라 아프지만 않다면

환자 솔루션

아무 생각 안 하기
아무 기대 안 하기
그리워 안 하기
아쉬워 안 하기
미안해 안 하기
그냥 숨쉬기
출렁거리면 시 쓰기
그래도 심심하면 감사하기
그래도 허전하면 속말하기
사랑한다고
너무 진하지 않게!

맞짱

뇌하수체 아래
뭔가가 또 있다나 뭐라나

정신이 번쩍 든다
난 함경도 또순이
상대에 따라
강도 조정을 한다
조금 독해져 볼까
맞짱 제대로 뜨려면

새 신발

신발을 바꾸면
조금 가벼워지려나
헌 신발 곁에 가지런히 둔 새 신발
맘이 쏠려 몇 차례 발을 넣어 봤다

오늘 신경외과 진료 첫날
어떤 길이 기다리고 있을지

오케이,
난 준비 되었다

암, 오기

내 첫 번째 주치의
이희대 교수님은 첫 만남 때도
암 말기로 계속 투병 중이셨다
진료실에 들어가면
마주치는 눈빛만으로 마음이
다 전해지는 듯 뭉클했다
내가 먼저 말문을 열기도 했다
교수님, 괜찮으신 거죠?
허허, 이건 거꾸로인데요
그렁한 눈으로 웃음 짓던
그 모습 지금도 생생하다
자신은 암, 오기라며
절대로 지지 않겠다고 하시더니
그 오기 다 내려놓고
영면에 드셨다는
십여 년 전 그날, 한참 울었다
울타리 잃어버린 양이 되었으니

이젠 내가
울타리가 될 차례다
뒤따르는 양떼에게
암 오기라고
절대 지지 않는다고
흔들리지 말라고 탕탕
큰 소리 칠 차례다

나는 암보다 강하다

청각장애를 극복하고
발레리나가 된 고아라님
닫힌 세상을 열고 나온
그의 한마디
나는 상처보다 크다!

와
반전이 우주를 견인한다

그래
나는 암보다 강하다!

이러지 마

웃음 잃는 거
안 하기로 했잖아
습하면 곰팡이 핀다는 거
모르지 않잖아
얼굴로 가슴으로
마구 번져가는 곰팡이

자신 없어, 자신 없어
이러지 마 제발

4부

참 다행이다

세 명 중
한 명은 암이라는데
제비뽑기든 아니든
나인 게
참, 다행이다
투병의 필수인
참을성과 끈기
내 장기이니까
가족 친지 주변의
누구보다도

헤픈 고백

샤워 물소리에 섞여
코피가 콸콸 쏟아졌다
응급실을 닷새 동안
세 번 갔는데
꼴찌 순번인 코피
겁먹은 건 나 혼자뿐이었다

후유증에 오래 시달렸다
누우면 침도 안 삼켜지고
숨이 답답해져서
종종 앉아서 밤을 새우며
목구멍이 숨구멍임을
절실하게 알았다

올봄에서야 암이 보낸
신호인 걸 알았다
헤픈 고백이 자꾸 튀어나온다

감사해!
사랑해!
미안해!

흘리지 말아야지

크리스마스트리에
전구 매달듯 말했다
사랑한다, 사랑한다,

떠날 거라면
남겨질 어둠도 헤아려야지
불 밝힐 때마다

사랑한다면
정말 사랑한다면
오래 곁을 지켜주던지

어둠도 견딜 수 있게
흘리지 말아야지
사랑, 그 무엇으로도

모든 어미는

사자에게 새끼를 잃고
울부짖는 어미 코끼리
사력을 다해 잡은 먹잇감
새끼에게 던져주고
헐떡거리는 어미 사자

잃은 자도 얻은 자도
최선을 다해 순간을 사는
사파리의 어미들
거룩하다
너무 거룩해서 슬프다

먼 길 가려면

슬슬 지워지는 게
나쁘지 않다
어제 일 가물가물해도
웃음이 나오는 까닭이다

고의가 아니라서
기억조차 희미하지만
누군가가 나로 인해 슬펐다면
금방 먹구름으로 무거워진다

먹구름은 안된다
가벼워져야 한다
마지막 숨 풀어놓고
훠이 훠이 먼 길 가려면

세 남자

고된 길 말없이 응원해주는
은인들, 다 열거하지 못하지만

세계적 신약 임상시험 대상자로
가능성 열어주신 주치의 선생

이번 생은
문혜영 지킴이로 태어났다는 남편

최선의 치료, 환자 멘탈
모두 떠안은 또 하나의 심장, 아들

우직한 세 남자가
내 하늘을 이끌어 간다

반세기

결혼 50주년

한 사람과 또 한 사람이
반세기를 붙어 사는 건
도 닦는 일이다
돌부처가 되는 일
눈, 코, 입이 풍화되는 일

황혼 녘에
구멍 숭숭한 돌부처 한 쌍

옆지기

어지럼증으로 아뜩한 요즘
그의 손과 팔을 무시로 잡으며
든든함이 온몸으로 번진다

노후의 온기, 해로함이다
민둥머리 가발 맞춰 씌어주고
깜빡하는 건망증에 웃어주고
처음 겪는 늙어감의 당혹감을
공감하며 감싸주는 일
더 아파도, 덜 아파도
늙음, 그 자체로 이미 환자다

옆지기로 남아 서로에게
지팡이가 되어주는 사람이라면
전생에 나라를 두 번 구했을 거다

카드놀이

손녀 소윤이가 오면
카드놀이를 한다
좋아하는 패는 가져오고
필요 없는 패는 내려놓는다
카드놀이엔 운과 반전이 있어
아홉 살과 일흔일곱 살이
한바탕 웃는다

인생 후반에
고약한 패를 연이어 잡았다
카드놀이라면 던지고
한바탕 웃을 텐데

스쳐 간 생각

장기전인데 혈관 문제로
의료진까지 매번 긴장시킨다
왼쪽 팔에만 가능한 채혈, 주사,
오늘 검사대에 누워
조영제 맞으며 든 생각
언제든 떠나도 괜찮아
몇 시간 전 상경할 때 들려온
"사랑해요, 엄마!"
그 온기 품고 가면
추운 세상에서도 따뜻할 거야

연줄

고단하다
정상인 게 하나도 없지만
멀쩡한 척 눈빛도 담담하다
구차하다
자유롭게 해주고 싶어
허공에서 곤두박질치는 상상을 한다

참 묘하다, 그런 순간이면
어찌 알고 느슨해진 생명줄
팽팽히 당기는 너
"좀 어떠세요? 사랑해요, 엄마!"
그래, 신이 부여한 이름, '엄마'
그걸 까먹었다면 벌써
끈 떨어진 연이 되었겠지
어느 산골짜기에

어떻게 놓고 가지

홀가분하게 떠나는 건
잘 할 수 있을 줄만 알았지
오래전부터 연습해온 비우기
그런데 오늘 너를 배웅하며
괜히 안아봤나 보다
너의 체취, 너의 품 안
왜 이렇게 따뜻하고 아늑한 거야
어떻게 놓고 가지
이 그리움을

온기 가득한

볼수록 너무 예뻐서
보고 또 본다
쉰이 다 된 딸
한때는, 중천에 뜬 반달이더니
요즘은, 동산에 뜬 보름달이다

아니, 다시 보니
온기 가득한 햇살이다
개강 앞두고 생일 축하해 주려고
달려와 준 네가 곁에 있으니
천지가 봄날, 아 따스하다

그렁그렁

어린 시절 잘못한 선택 하나가
깊은 우물이 되기도 한다
서러움 차곡차곡 누적되는 사이
네 웃음 슬그머니 사라지는걸
성장통인 줄만 알았지
네 눈 네 마음 눈맞춤 했더라면…
이것저것 모른 채
참 멀리도 와 버렸다

마지막 숨까지 안고 갈
이번 생에서 가장 아픈 그림
그렁그렁 네 눈물

두 마리 슬픈 짐승이

내 안에 진을 치고 사는
두 마리 슬픈 짐승
그리움과 두려움
그 둘이 번갈아 드나드는
꿈길

내 육신을 잠재우고
한바탕 서사극을 펼친 후
안개 뚫고 화들짝
깨어나서도 그 여운에
가슴이 벌렁거린다

어쩌다가 뵙는 친정어머니는
그냥 오신 적 없었다
위기를 일러주시려고
예지몽으로 슬쩍 다녀가셨다
몇 번이나 몇 번이나

요즘 따라
부쩍 부산해진 꿈길

튀밥

두 아이 가졌을 때 입덧으로 내내
옥수수 튀밥을 먹었다
천 원을 내면
고물상 아저씨가 바가지 듬뿍
내 하루 식량을 담아 줬다

튀밥만 먹고도 건강하게 태어난
딸아이가 캐나다 연수 때
여행차 방문하는 이모 편에
단 하나 주문했던 옥수수 튀밥
태중에서 익숙했던 구수한 내음
외지에서 많이 외로웠던가 보다

지금도 난 튀밥을 두 해째 먹는다
출산일도 모르는 암 종자를 품고
생명 연장을 위해 울렁증과 겨루며
뻥튀기 한 알 또 한 알 희망을 삼킨다

어둠 내리면

가을날에는 단풍을 봐도
쓸쓸하다 하시다가
봄날에는 꽃이 되어
환히 웃으시던 내 어머니
저는 투병 시작한 봄날보다
가을날에 더 잘 웃는답니다

사방에 어둠 내리면
가슴에 불이 켜져요,
감사의 온기 같은 거

어머니 나이를 살아보니
이제야 깨달아져서
자꾸 후회가 일어요
시린 계절 겪으실 때
왜 그렇게 무심했는지
어쩌자고 뒤늦게 아파하는지

꿈속에서

산속 어딘가, 낯선 집에
어머니를 모셔드리고
난 먼저 돌아오려 했던 것 같다

거기서 만난 지인들과 반가우셨던지
산책 후 한나절 지난 뒤
웃음기 담고 돌아온 어머니께
이제 오시면 어쩌냐고 짜증 부렸다
생전에도 보지 못했던 짜증에
슬그머니 자리를 뜨신 어머니

엄마, 엄마, 어디 계세요?
애타게 부르다가 눈을 떠보니
꿈속 분들이 다 고인이셨다

할 일이 태산이라고?
티끌보다 못한 세상일들

아직 미망迷妄에서 헤매는 딸로
마음 아프셨을 내 어머니

거울을 보다가

코피로 응급실 몇 차례 다녀온 뒤
베개 옆에 손거울 두고
잠결에도 자꾸 얼굴을 살핀다
언제 또 분출할지 몰라서

누워서 거울 속 나를 보다가
여러 번 놀랬다, 거기
오래전 길 떠난 엄마와 동생이
마중 나온 건가 싶었다

내 눈, 깊숙한 어디쯤
아득한 골짜기가 보인다
지나온 것도 같고
이제 가야 할 것도 같은

미안해

오래 살아서
미안해

아흔다섯에 세상 뜨신
시어머니의 후렴이
내 노랫가락 될까 봐
꿀꺽 삼킨다

오래 아파서
미안해

5부

눈이 없나 봐

눈이 없나 봐, 시간은
내딛지 않으면
한 치 앞도 모르잖아
지나쳐야만
더듬더듬 감을 잡으니까

마음이 몸에게

몸을 부린다는 말,
용서해라
여태껏 널 부리는 줄 알았네,

네가 힘을 잃어 주저앉으니
눈멀어 귀 멀어 방향을 잃네
이제 보니
네가 날 부렸었구나

아무도 가두지 않는다

물은 골짜기에 갇히지 않고
바람은 숲에 갇히지 않고
구름은 허공에 갇히지 않는다

사람은 서로를 가두려 하지만
그 갈망에 스스로 갇힌다

걸음마

오늘 중심 잃고 세 번 넘어졌다

매일 누워만 있으니
걸음도 휘청거린다
수없이 넘어지며
한평생 학습해온 걸음마인데

의연함을 꼭 붙들어야지
다시 아기로 돌아갈 순 없잖아

곰의 시간

암癌 동굴을 십칠 년째 드나든다
더 이상 써 볼 약 없어
그야말로 환상幻想이 된 환생幻生
하늘도 딱했는지 신약을 부여했다
기약 없는 곰의 시간
빛살조차 인색한 어둠 동굴에 적응하다 보니
맘도 몸도 곰이 되었다
이리 뒹굴 저리 뒹굴 시간아, 흘러라
어둠 속에서도 유일한 재주
글자 놀이를 한다
나는 곰이다, 쓰려는데 글자가 뒤집혀
나는 문이다, 되었다

글월 문文으로 태어나
팔자인 양 글쟁이가 되었는데
문文으로 문門도 열어보라는 뜻인가
암癌 동굴의 족쇄

그 말도 맞다

한 쌍의 방패연이
서로 희롱하며 날고 있다
매지호수 뚝방길을 산책하다가
나도 모르게 나직이
시 한 소절이 입 밖으로 나왔다

하늘 꼭대기에 아득히 올라/
한 눈으로 세상을 굽어볼 수 있는 것은/
제 가슴을 도려낸 자의 자유
　　　　　　　-권희돈의 시, 〈연〉 부분-

연줄을 당기던 청년보다 그 곁에 있던
중년 남성이 화들짝 놀라 다가왔다
얼마 후 그 부자가 내 집을 방문했다
손수 만든 방패연 한 쌍을 들고
연鳶이 귀한 인연因緣을 낳았다

아주 오래전
문학 카페에 이 시를 올렸더니
누군가 댓글을 달아 놓았다
~유방을 도려낸 자의 자유 ㅋㅋ~
상상력을 탓할 수 없다
한 음절도 못 되는 ㅋㅋ가 갈고리다
꽁꽁 봉인해 둔 상처에서 선혈이 낭자했다

그런데 요즘, 그 댓글이 문득 떠 올랐다
유방암 환자로 오래 투병해보니
비워낸 가슴이 더 가벼워졌는지
은하계도 배회하다 거뜬히 돌아온다
아픔을 객관화시키니
도려냈던 비워냈던
그래, 그 말도 맞다

그게 뭐라고

가까운 사람을 내친 적 있다
심장이 터질 것 같아
모질게 모질게
뒤돌아보지 않았다
자존심이란 오기
그래서 젊음이었나 보다

이젠 생명 문제 아니면
어떤 일로도 상처 안 받는다
다 너그러워지는 나이
나를 흔드는 것들
그따위가 뭐라고
그래서 늙음인가 보다

외롭나 보다

심해의 등대도
중천의 별들도
도로의 가로등도
깜빡깜빡 신호를 보내는 건
자기를 품어 키운 어둠으로
돌아가 안기고 싶어서인가 보다
진짜 외롭나 보다

너 없는 봄날

없다, 내 서재 통창 앞에
생강나무랑 나란히 서서
봄의 전령이 되어주던 수수꽃다리

너를 찬미하여 끄적인 글로
수필집 출간하여
문학상 선물도 받았는데
그 여름 끝으로
소명을 다한 듯 가버렸다

너 잃고 첫 번째 봄은
세 번째 암癌 진단에 온정신 아니었다
일 년을 몽땅 도둑맞은 듯했다

너를 보내고 다시 두 번째 봄,
비로소 눈에 보이는 생강나무꽃
더욱 두드러진 그 옆 빈자리

생사 문제는 자연의 섭리
연연하지 않으려 해도
너 없는 봄날이 먹먹하다

꿈속이겠지

워싱턴기념관 앞 너른 터에
빽빽하게 꽂힌 하얀 종이 깃발
코로나로 격리된 채 외로이 숨져간
자국민들을 기리는 추모 공원
남은 이들은 뒤늦게 찾아와
손바닥만 한 메모지로
못다 한 정, 전하고 있지만
영가靈駕에겐 이미 덧없겠지

오늘따라 삶은 환幻이다
잠시 다녀가는 행렬이다
지금 여기도 꿈속이겠지
허우적허우적 팔을 휘젓는다

두 단어

두 번의 암癌 투병에서
나를 지키게 한 두 단어

견디다
나를 비워낸 자리에 고통 대신
감사와 사랑을 채우는 일

버티다
허물어지는 자존감을 달래며
두려움에서 품위를 지키는 일

이제 세 번째 투병,
어떤 단어가 기다리는지
아직 미궁 속이다

죽음이 벽인가, 문인가

죽음이 벽인가, 문인가
인간의 궁극적 의문을 다룬
책 제목이 눈에 들어왔다
십여 년 전
국내 철학자들의 학술대회 논제다

벽인지 문인지
어딜 두드리면 알게 될까
책장을 열면 정답도 훤히 알려주려나
끊임없이 이어지는 그 물음에
하늘도 땅도 딴청을 피운다
그들은 다 알고 있을 텐데

말의 온도

암癌과의 싸움판에
세 번씩이나 던져졌다
운명의 신이 이리 짓궂은가

잘 이겨내세요!
분명 격려의 말인데
아릿한 슬픔이 번져 든다

잘 견뎌낼게요!
웃음꽃으로 슬쩍 밀어낸다

'이기다'는 불빛
'견디다'는 물빛
느끼는 온도가 다르다

세 번째 협곡도 난
물빛으로 건널 참이다

모범생

한 생애 모범생 기질로 살아서
의료진의 지시를
신의 명령인 듯 따른다

신약의 임상시험 대상자로 선정되어
금방 회복될 것처럼 희망을 품었다
속도는 더디고, 끝도 모르는 과정
시일이 지날수록 지쳐가고
기운도 시나브로 사그라진다

문득 더 살아서 뭐 하나
쉬고 싶다는 유혹이 깊어진다
한 방에 끝낼 수만 있다면,
그런 건 없나 보다
생사 어느 쪽도

다시 힘을 내보자

그런데 아무런 감흥이 없다
오 년, 십 년 더 산들 시큰둥이다
하지만 난 또 웃고 살겠지
별일 아니라는 듯

문득

그런 사람 있었다
품어주는 눈빛 때문이었나
조잘조잘 지저귀다 보면
한 마리 새가 되어
시간도 잊을 만큼
자유로운 비행을 했다
능선을 넘나드는 날갯짓에
빙그레 웃음으로
부력을 부추기던 사람

문득, 허공을 본다
새가 되어 날아간
그의 하늘을

미망未忘

미쳤다
뜨락 한구석에 밤낮으로
불 켜고 있는 영산홍
겨우 내내 저 타는 마음
어찌 감추고 시치미를 떼었을까

꿈도 연속극으로 꿀 수 있다
생전에 독하게 끊어낸 인연
며칠째 그를 찾는 여정을 이어가며
꿈에서도 마음속 실랑이는 여전하다
마침내, 그가 모습을 보이는 순간
화들짝 꿈에서 도망쳤다

'내 먼저 가서 네가 날 그리게 하리라'
*고경명의 시가 미쳤다

* 고경명(高敬命, 1533년 11월 30일~1592년 7월 10일)은 조선 중기의 문신·의병장이다. 백인걸의 문인이다.

삶은 거품이 아니라고

11월, 첫눈이 온다
거리에 나섰다가
대책 없이 눈을 맞는다
눈발에 납작해진 가발
젖으면 젖는 대로
삶은 거품이 아니라고
징하게 첫눈이 흩날린다

서툰 사공

이보시게
그리해서 노가 저어지는가
역풍 만나면 잠깐 구름을 보게나
욕심만으로 세상이 움직이지 않는걸
한평생 겪고도 깜빡했구먼
노를 내려놓고 배의 향방을 잊게나
어떤 바람이 또 데려가겠지
생이란 늘 그렇게 흐르지 않던가

그 너머

한순간 숨 멎으면
속수무책 가야 하는데
왜 이렇게 막막한지

그 너머를 생각하면
먼저 떠오르는 풍경이 있다
어릴 적 산모롱이로 사라져간
울긋불긋 상여와 기이했던 곡소리
돌로 굳어버릴 만큼 무서움이 밀려와
더 이상 따라갈 수 없었다
몸은 어른이 되었어도
마음은 아직 그때 그 아이다
미숙했던 시절 속에 갇힌
기억으로부터 두려움 꺼내 버리고
의식 깨우치는 일이 만만치 않다

생사生死 일어남이 하나이기에

소멸과 동시, 무無가 된다는데
뜬구름 사라지듯 정말 그럴까

강 하나 사이로 서로 건너다보이는
그런 동네 얘기라면 얼마나 좋을까
생과 사, 그 너머가

스위치오프

뭐 그런 거 없으려나
커튼을 여닫듯이
시간을 여닫는 스위치
생명에게 부여된 피할 수 없는 과제
생로병사 중에서
하나만 빼 주시지
병, 특히 병사는 너무 고단하다
다소곳이 따르다가도 버거워지면
시간과 존재마저 터치 한 번에
뿅 사라지는 SF 공상에 빠진다

시한부

사계절을 겪으면서도
인생의 사계절을 종종 잊는다
단지 선고만 받지 않았을 뿐
시한부 아닌 생이 없건만

■ 해설

날갯짓을 멈추면 추락한다,
마법이 된 생명력
- 문혜영 시집 『숨결』 -

김태균 (시인)

문혜영 시인의 숨결을 따라 들어가며,

평온을 유지하는 비법, 여유

문혜영 작가의 시집 『숨결』은, 그가 세 번째 암 투병을 겪으며 탈고한 원고다. 고통의 시간을 발효시켜 얻은 그의 숨결은 담담하고 여유로워서 '경이로움' 그 자체다.

평소에 마주친 작가의 인상은 늘 평온을 유지하며 해맑은 웃음을 보여서 전혀 고통에 시달리며 살지 않은 사람처럼 느껴진다. 그가 걸어온 삶의 내력, 특히 투병의 역사를 알고 나면, 그런 고요함을 어떻게 유지할 수 있는지 그의 내면세계가 자못 궁금해진다.

생명을 통째로 삼켜버릴 듯한
맹수의 숨결,
그 덫에서 벗어나지 못한 채
수년째 마주하고 있다.
그 두려움으로 때론 단단한 얼음이 되고
그 고통으로 때론 하얗게 재가 되지만
그 무지함 앞에선 늘 헐벗은 알몸이 된다.
- 시인의 말, 부분 -

　시인의 말에서 언급한 대로 분명 고통의 시간을 통과하며 써냈으련만, 그의 언어는 따뜻한 긍정의 에너지로 가득 차 있다. 맹수의 숨결로 타격받은 신음과 불편을 느끼게 하는 어두움조차 다 걸러내어 여과된 언어들로 직조된 결이 고운 비단 같다. 그의 시에는 아픔을 포근히 감싸는 배려와 성찰, 온화함이 느껴진다. 이러한 여유는 아픔조차 품을 수 있는 작가의 성정에서 나오는 것 같다.

이 무더위에 에어컨 고장이다
배관이 다 삭았다더니
일주일만 기다리란다

여기저기 고장 난 내 몸은
기약 없는 수리 공사 중
완공일은 신만이 아시겠지

그런데 숨 쉬는 리듬 따라
　　헤실헤실 웃음이 난다, 그냥
　　이런 내가 난 너무 좋다
　　　　　　　　　〈웃음이 나네, 그냥〉 전문

단단함과 유연함

　4기 암 진단을 받고 정신적으로나 육체적으로나 절망과 고통에 시달렸을 텐데, 매 순간을 감사함으로 받아들이며 아기처럼 순수하게 웃을 수 있는 자신을 사랑한다고 표현하는 것은, 달관의 경지에 이른 사람만이 할 수 있는 말이다.

　　비가 바람을 만나니
　　자작나무가 춤춘다.
　　여린 허리 낭창낭창
　　감출 줄 모른다, 아직 어려서

　　세월을 좀 더 살아
　　허리 굵어진 소나무는
　　까딱도 하지 않는데
　　이끼 끼도록 산 나는
　　흠뻑 젖어
　　자작나무랑 마냥 즐겁다
　　　　　　　　　〈비가 바람을 만나〉 전문

세월을 거쳐 허리가 굵어진 소나무는 웬만한 비바람에도 굴하지 않는다. 반면, 작가는 이끼가 끼도록 살았음에도 불구하고, 타고난 성품인지 혹은 사유를 통해 얻은 해탈인지, 유연하게 흔들리며 비바람을 즐기는 모습이다. 그의 얼굴에서 사라지지 않는 해맑은 미소는 이러한 유연성에서 기인하는 것으로 보인다. 어린 자작나무처럼 허리를 낭창거리며 힘든 비바람의 세월을 넘어서는 것처럼 보인다. 그럼에도 그의 내면 깊숙한 곳에는 세월의 굵은 나이테가 씨앗으로 자리 잡아 유연함 속에 단단함이 시마다 깊이 느껴진다.

두려움이 두려움을 달래다

4기입니다, 선언에
안개 저편으로 밀어낸
절망이
해일로 덮쳐 왔다

이번 협곡은 얼마나 험난할지
모든 걸 기억하는 몸이
혈압 맥박 널뛰기 시키며
비상사태를 알린다.

나대지 마

괜찮아
마음이 몸을 어른다.
두려움이 두려움을 애써 달랜다.
〈나대지 마〉 전문

한 번도 겪기 어려운데 세 번째 암 진단을 십 년 만에 또 받았다면, 누구라도 평정을 잃기 십상이다. 몸은 다 기억하고 있으니 그 두려움이 온몸에 비상사태를 알린다. 그런 순간에 마음이 몸을 어르는 상황을 두려움이 두려움을 달랜다고 표현한다. 투병은 포탄이 터지는 또 다른 전쟁터다. 생사의 경계에서 두려움에 떠는 병사들의 목숨은 하나로 연결되어 있다. 우리 몸과 마음을 세상이라는 전쟁터에서 함께 살아내야 할 동지로 인식하는 작가. 그래서 시 전편에 흐르는 메시지는 사실 마음이 몸에게, 또한 몸이 마음에게 전하는 위로이며 감사의 말이기도 하다.

응시, 근원에 대한 물음

내려놓음의 끝을 보고 있다
붙들 것이 남았을 때
주먹도 쥐는 거니까
나,
아직 붙들 것이 남았을까?
〈붙들 것이 남았을까〉 부분

항암 주사의 부작용으로 탈모 증상을 겪으면서 내려놓음의 깊이를 실감하기는 쉽지 않다. 탈모를 단순한 증상으로 보지 않고, 존재의 근원을 바라보며 질문을 던진다. 생명으로 태어나는 순간, 아기들은 주먹을 불끈 쥔다. 어린 생명도 탄생과 동시 본성으로 알고 있다 생명으로 존재한다는 의미는 이제 쥐어야 할 게 많다는 것을 누가 일러주지 않아도 저절로 안다. 반면에 쥐어야 할 것이 남아 있지 않음을 알고 힘을 푸는 것이 영면에 드는 순서이다.

작가의 "나, 아직 붙들 것이 남았을까?" 무심한 듯 반문하는 시어가 기막히다. 생사의 본질을 그 한마디로 꿰뚫고 있다. 극도로 냉정하게 툭, 던지는 시어가 저리도록 아프게 느껴짐도 그것이 본질이기 때문이다.

모든 생명과의 교감

산새들이 잘 살아냈다고
온산 울리게 인사를 건네면
그래, 나도 잘 살아냈다 화답하려는데
눈물이 먼저 마중을 나온다.
〈희열〉 부분

곁에 있는 의료인들조차 쉽지 않게 여길 정도로 힘든 시간을 살아내고 있으니, 또 한 번의 봄을 알리는 건너편

산의 멧비둘기, 뻐꾸기 울음소리가 무심하게 들릴 리 없다. 하루하루가 기적이며 선물인 삶. 하루를 천년처럼 산다는 작가의 시간 속으로 어느새 빠져들게 된다.

독무獨舞, 자존감으로 이끌어가는 삶

뼈 없어도 굽히진 않았다
〈마른 오징어〉 부분

한평생 독무獨舞에 익숙했다.
군무群舞에선 걸핏하면 엇박자가 났다.
나 홀로 흠뻑 취해서
멀미가 나도록 추는 춤
〈환幻이어도 좋았다〉 부분

산소와 플랑크톤만 있으면
숨을 이어갈 수 있으니까
느릿느릿 헤엄치며
혼자 놀기 알맞은 강,
〈내가 사는 강〉 부분

작가의 삶이 잘 그려지는 부분이다. 혼자 넉넉하게 삶을 즐길 줄 아는 사람이 잘 살아가는 거라고 한다. 자존감으로 혼자의 시간을 아쉬움 없이 채울 줄 아는 작가. 외롭지만, 어디에도 굽히지 않고 느릿느릿 헤엄치며 작가 나

름의 삶을 추구하며 살았음이 짐작된다. 작가의 시간은 예전에도 지금도 그렇게 흐를 것이다. 그 속에서 문학이 숨결을 보듬어주고 길을 열어주니, 그 힘든 투병에도 이력이 생기는 게 아닐까?

시는 어둠을 밀어내는 날숨

그에게 문학, 특히 시는,

> 어둠을 밀어내는/ 유일한 내 날숨/ 내 꽃 숨
> 〈꽃숨〉 부분

또한 시집을 내는 것은 절망적인 어둠 속에서 반딧불이로 환생하는 일이다.

> 봄날엔 반딧불이로 살까/ 어두워질수록 더 반짝이는, 시집 한 권 엮으면/ 시와 시 사이로 반딧불이/ 요정처럼 날아다닐 테니
> 〈환생〉 부분

마법이 된 삶, 날갯짓을 멈추면 추락한다는 것을 아는 작가

작가는 자신에게 주어진 시간을 마법에 걸린 시간으로

환치換置한다.

    내 인생에 마법이 걸렸다.

    몸으로 겪는 게 진짜 공부라며
    협곡이 연이어 찾아왔다

    자나 깨나 꿈길을 헤맨다.
    몽롱하게

    분명 길이었을 텐데
    어디까지 왔는지
    여기가 어딘지
    어떻게 지나왔는지
    텅 비어 있다
    새가 날아간 허공 마냥
                    〈마법 같은 내 인생〉 부분

  부실하게 태어나 잔병치레가 많았던 지나온 날을 생각하며 자신이 돌아봐도 암을 세 번씩 견디며 살아내는 일은 마법이 아니면 답을 찾을 수가 없다고 여겨지나 보다. 그러나 그는 알고 있다. 마법을 건 것은 다른 어떤 존재가 아닌 작가 자신임을.

    앞으로 얼마를 더 가야 할지

가늠할 수 없지만
수천 킬로라 해도
날갯짓을 할 것이다
　　　　〈마법에 걸린 내 인생〉 부분

　작가의 투철한 생명력이 바로 마법이다. 새가 날아간 허공 마냥, 고통의 시간을 비워내고 다시 생명의 지표 따라 수천 킬로라 해도 날갯짓을 할 것임을 그는 알고 있다. 철새가 계절의 변화에 따라 먼 길을 날듯, 작가 역시 지금까지 살아온 방식대로 앞으로도 힘든 여정이 될 것임을 알면서도 멈추지 않을 것임을 그 자신이 가장 잘 안다.

　작가의 날갯짓은 매 순간, 최선을 다해 살아가는 것이다. 날갯짓을 멈추면 즉시 추락하는 새와 같이, 그의 시간은 계속해서 날갯짓을 하는 시간으로 연결된다. 비록 투병 중이라 할지라도, 멈출 핑계를 찾기보다는 매 순간을 마지막 순간처럼 최선을 다해 날갯짓하는 것, 바로 그가 마법을 가능하게 하는 이유다.

강의실에 들어가면
마지막 무대에 선
노배우가 되어
영혼을 활활 태운다

〈생은,〉 부분

　그는 마치 마지막 무대에 선 노배우처럼, 매번 영혼을 태우며 강의한다. 그의 아낌없는 강의에 수강생들이 호응하는 것은 당연한 일이다. 작가의 매 순간 최선을 다하는 삶의 태도는 깨어 있을 때나 꿈속에서나 변함없다.

　　최선을 다하는 거
　　그거밖에 모른다, 꿈에서도

〈꿈에서도〉 부분

　　오늘 신경외과 진료 첫날
　　어떤 길이 기다리고 있을지

　　오케이,
　　난 준비 되었다

〈새 신발〉 부분

　뇌 MRI 검사 결과 뇌하수체 아래 또 뭔가가 있다는 통보를 받고도 작가는 쉽게 무너지지 않는다. 신경외과 첫 진료를 앞두고, 그는 새 신발을 준비한다. 앞으로의 여정이 좀 가벼워지려나 마음을 가다듬으며. "오케이, 난 준비 되었다" 스스로 다짐한다. 어떤 시간 앞에서도 당당해지려는 불굴의 정신력이다.

지독한 사랑, 자기애自己愛

지독한 운명이
지독한 사랑을 낳는다

마라토너처럼
혼자 달리는 길

뜨겁게 안아 주고
묵묵히 믿어주기로
내가 나를 응원했다

이제 반환점을 돌았을까?
그만 달리고픈
유혹도 끈질기다.
그래서 더 내려놓을 수 없는
지독한 사랑, 목이 탄다

〈지독한 사랑〉 전문

그의 정신력의 백미는 지독한 사랑이다. 생명에 대한 무한대의 책임감, 혼자 달리는 마라토너에게 보내는 뜨거운 격려, 자칫 허물어지려는 자신을 믿어주는 마음, 달리 말하면 자기애自己愛. 이십 년이면 지쳐서 그만 달리고픈 유혹이 커질 수밖에 없다. 그래서 더욱 내려놓을 수 없는 지독한 사랑. 목이 타도록 품고 있어야 할 사랑이다.

마지막 순간까지 생명에 대한 최선의 노력, 그 힘이 작가를 오래도록 지탱해 온 동력이 되었을 것이다. 우린 모두 생의 무대에서 혼자 달리는 마라토너들이다. 1등도 멋지지만, 끝까지 숨결을 가다듬으며 완주하는 이에게 더 크게 박수를 보내는 이유도 바로 여기에 있다.

문혜영 시집, 『숨결』의 해설을 마무리하며,

　감명 깊은 시들을 모두 나열하지 못하고, 부득이하게 해설을 마칠 수밖에 없는 것이 아쉽다. 간결함으로 함축된 시에 너무 많은 말로 답하는 것에 대해 다소 미안함을 느낀다. 그만큼 공감하며 작가의 숨결을 느낀 시가 많아 거론하지 못함이 서운할 지경이다.
　오십 후반에 시작된 암과의 인연을 이십 년째 이어 오면서, 마치 오랜 친구와의 인연처럼 암을 다독여 온 사람, 어떻게 그럴 수 있는지 경이로울 뿐이다. 작가의 웃음은 어디에서 왔는지, 어떻게 자신을 다스리면 그런 평온함이 배어 나올 수 있는지, 시냇물 소리처럼 풀어낸 시집이 『숨결』이다. 그야말로 작가의 숨결로 빚은 언어들이 한 권의 시집 속에서 반딧불이로 빛을 발하고 있다.

지독하리만큼 아픈 운명의 시간을 여과시키며 풀어낸 시구들이 역설적으로 아름답기까지 하니 놀라움을 금치 못한다. 사람과 글과 너무나 닮았다.

그러면, 문혜영을 꼭 한마디로 표현하라면, 글과 사람이 일치하는 작가, 또 한마디를 덧붙여 말하라면, 초긍정인 사람, 또 한마디를 허용해 준다면, 품은 사랑이 늘 청청하다는 것.

생명에 대한 경외심, 알지 못하는 사후에 대한 두려움을 아주 조심스럽게 전하는 시구들. 그런 중에도 사랑하는 존재들에 대한 마음 비우기, 내려놓기가 더 뭉클하게 목젖을 건드리는 이유는 작가가 품은 사랑이 유난히 깊고 크기 때문이다. 그 사랑이 아주 간결하고 담백한 언어로 속삭이듯 들려온다.

문혜영 작가의 시어들은 순수한 날것처럼 익숙한 단어들로 간결미를 보여주고 있다. 그러나 그 짧게 함축된 시어 속에는 깊은 사유와 명상에서 우러난 달관의 경지가 담겨있다. 그는 암조차 생명 공부라며 담백한 어조로 순수하게 받아들인다. 싸움이라는 단어를 천성적으로 좋아하지 않는 문혜영 작가는 '이기다'라는 불빛의 단어 대신 '견디다'라는 물빛의 단어로 세 번째 공부도 치를 예정이라고 썼다. (말의 온도)

단어 하나를 고를 때도 긍정적이지 않으면 시어로 택하지 않는 작가. 그의 말대로 제3의 생명 공부도 무사히 치르고 어둠의 동굴(곰의 시간)에서 어서 나오기를 기대한다.

　문혜영을 작가라고 칭함은, 그가 한국을 대표하는 수필가로서의 지평을 넘어, 삶과 죽음에 대한 근본적인 성찰을 통해 인간 정신의 깊이와 폭을 탐구하는 시인으로서의 면모를 두루 갖추고 있는 시인이며 수필가이기 때문이다.

　문혜영의 첫 번째 시집, 『겁 없이 찬란했던 날들』에 이어 두 번째 시집 『숨결』은 단순한 서정을 넘어, 삶의 본질에 대한 깊은 사색과 성찰을 담은 문학적 업적으로 평가받을 자격이 충분하다.

　무엇이 많은 사람이 좋아하는 오늘의 '문혜영 작가'로 만들었는지에 대한 궁금증은 이 시집을 읽으며 조금은 답을 얻은 기쁨이 있다.

　모든 독자에게 일독을 권하면서, 특히 아픔을 견디며 홀로 달리는 이들에겐 큰 선물이 되리라, 감히 말할 수 있다. 문혜영 작가의 작품을 통해 우리는 삶과 죽음에 대해, 그리고 인간 정신의 깊이에 대해 더 깊이 사유할 수 있는 기회를 얻는다.

숨결

1판 1쇄 발행 2024년 4월 8일

지은이 | 문혜영
펴낸곳 | 열린출판
등록 | 제 307-2019-14호
주소 | 경기도 고양시 덕양구 권율대로 656, 1401호
전화 | 02-6953-0442
팩스 | 02-6455-5795
전자우편 | open2019@daum.net
디자인 | SEED디자인
인쇄 | 삼양프로세스

ⓒ 문혜영, 2024
ISBN 979-11-91201-68-0 03810

*책값은 뒤표지에 표시되어 있습니다.
*저자와 협의하여 인지를 생략합니다.